Abdurasulova Zulayho Xudaynazarovna

Qalblardan Qalblarga

© Abdurasulova Zulayho Xudaynazarovna
Qalblardan Qalblarga
by: Abdurasulova Zulayho Xudaynazarovna
Edition: October '2024
Publisher:
Taemeer Publications LLC (Michigan, USA / Hyderabad, India)

ISBN 978-93-5872-642-8

© **Abdurasulova Zulayho Xudaynazarovna**

Book	:	**Qalblardan Qalblarga**
Author	:	Abdurasulova Zulayho Xudaynazarovna
Publisher	:	Taemeer Publications
Year	:	'2024
Pages	:	58
Title Design	:	*Taemeer Web Design*

Abdurasulova Zulayho Xudaynazarovna 1995-yil Samarqand viloyati Nurobod tumani Qizilkarvon qishlogʻida tugʻilgan. hozirda Samarqand davlat universiteti Kattaqoʻrgʻon filiali Aniq va tabiiy fanlar fakulteti Ijtimoiy ish yoʻnalishi 4-bosqich talabasi. Shu kunga qadar "Men onamga oʻxshashim kerak" hamda " Umidimni olib qoʻymagin hayot" nomli mualliflik kitobi chop etilgan. "Yil talabasi-2023"filial bosqichi sohibasi.

Otam rozi qilishim kerak!

Egma meni beshafqat hayot
Sinovingga chorlama bot bot
Maqsadim bor eng oliy tilak
Otam rozi qilishim kerak!

Yoʻldan urma bema'ni xayol
Beraverma imkonsiz savol
Boʻsh vaqtimni ketgizmay uvol
Onam rozi qilishim kerak !

Oʻzingga kel rostlan gʻururim
Ular mening baxtim sururim
Shunday oʻtib ketmasin umrim
Otam rozi qilishim kerak!

Oʻzdan ketma ey sen muhabbat

Yotga mehring sochmagin faqat
Yurak bag'ri bo'lmasinlar qat
Onam rozi qilishim kerak!

Nafsim seni jilovlay avval
Ko'rinmasin boyliklar afzal
Bu orzuyim azaldan-azal
Otam rozi qilishim kerak!

Bir she'r bitdim.Yaratgan egam
Kuch ber o'zing turayin bardam
Ahdga sodiq bo'layin men ham
Otam rozi qilishim kerak!
Onam rozi qilishim kerak !

Ona! sizni yaxshi ko'raman

Ich ichimda hamisha tayyor
Hech aytmagan bitta gapim bor
Takror takror aytib yuraman
Ona! sizni yaxshi ko'raman

Onam menga hammadan aziz
Yolg'on emas so'zim shubhasiz
Siz ham ayting aytib qo'yingiz
Ona! Sizni yaxshi ko'raman

Dunyodagi go'zal farishtam
Siz tufayli xonam sarishtam
Bor umrimni bag'ishlasam kam
Ona! Sizni yaxshi ko'raman

Yoningizga borganda kulib

Farzandligim hissini tuyib
Yuragimdan aytayin suyib
Ona! Sizni yaxshi ko'raman

Mehribonim g'am chekmasin hech
Bizni deydi doim bo'lsin tinch
Aytib qo'ying bo'lmasidan kech
Ona! Sizni yaxshi ko'raman.

O'qituvchi ayol

Har bitta shogirdin farzanddek suyib
Sevinsa sevinib dard cheksa kuyib
Onadek misoli mehribon bo'lib
Jon berib ishlaydi o'qituvchi ayol

Ta'rifin so'zlashga ojiz qalamlar
Ishdan uyga shoshar shahdam qadamlar
Ular-la ziyoli bo'lur odamlar
Barchasin uddalar o'qituvchi ayol

Ham dilkash,ham sirdosh ular doimo
Yechim topib berarlar bo'lsa muammo
Ularni asrasin Yaratgan! Xudo
Jonkuyar mehribon o'qituvchi ayol

Kasblar bor xilma xil kasblar ko'p bisyor

O'qmasa bu aql ish bermas bekor

Xuddi ota-onadek yordamga tayyor

Mehribon ham dilkash o'qituvchi ayol

Farzandingizni urmang!

Gar ranjitsa yoringiz,
Tugab qolsa boringiz,
Chertilsa g'am toringiz,
Farzandingizni urmang!

Óqib yuzingiz burmang.
Menga, órgatma demang.
Qarashganing yóq demang.
Farzandingizni urmang!

Achchiq qilmang burgaga,
Kórsin deya jurttaga.
Bola meniki deya,
Farzandingizni urmang!

Bu qanday usul ekan?

Gódakda ayb bormikan ?

Ózingiz katta qilgan,

Farzandingizni urmang!

Alam qilsa óziga,

Aytolmayin yuziga.

U bu, kimning órniga,

Farzandingizni urmang!

Shu hovurdan tushasiz.

Pushaymon ham bólasiz .

Nega avval urasiz?

Farzandingizni urmang!

Kechirasiz yorim deng,

Farzandim kamolim deng,

Biroz sabrli bóling.

Farzandingizni urmang!

Bu gap ba'zi ayolga.

Bormang yomon xayolga,

Javob: shudir savolga.

Farzandingizni urmang!

Shoir qiz mahmadona,

Kóramiz, bólsa "Ona".

Demang ,topmang bahona.

Farzandingizni urmang!

Bitta óg'ilni

Otasiga chin yelkadosh bóladur
Rózg'or deya yoshligidan yonadur
Opalarga uka emas,"Og'adir"
Bitta demang uyda yolg'iz óg'ilni

Bolalikdan mas'uliyat yelkada
Óylamangiz bitta óg'il erka-da
Onasini tushunadi bittada
Yolg'iz demang uyda bitta óg'ilni

Singillarin óylab yotar tunlari
Yolg'izligin bildirmaydi kunlari
Óntalardan goho kópdir óylari
Yakka demang uyda bitta óg'ilni

Otasining shu ishonchi bóladi

Onasining suyanchi ham bóladi
Bir óg'ilning dóstlari kóp bóladi
Bitta demang aslo yolg'iz óg'ilni

Qayda bólsa uy- rózg'orning g'amin yer
Jigarlarim baxtli qilay ózim der
Ba'zan uyda ba'zan u ham musofir
Bitta demang uyda yakka óg'ilni

Alloh bersin omadini, baxtini
Nomardlarga xor qilmasin mardini
Siz tushuning sózlarimning mag'zini
Bitta demang aslo yolg'iz óg'ilni

Hayotda...

Yaxshi-yu yomonni uchratar kishi.
Ba'zan qo'ldan chiqar omadi, ishi.
Ba'zida yo'q bo'lar yeb-u ichishi,
Hayotda hammasi bo'lib turarkan.

Kam-u kustin tiklab ololmaskan zot.
Barcha binolar ham bo'lmaskan bunyod.
Umid-la yasharkan doim odamzod,
Hayotda hammasi bo'lib turarkan.

Qaniydi ba'zilar tilin tiysalar,
Mehr bulog'idan yuzin yuvsalar.
Yaxshilikni bilmas ba'zi kimsalar,
Hayotda hammasi bo'lib turarkan.

Qor,yomg'ir ko'p yog'sa buloqlar toshar.

Boldek shirin so'zdan dillar quvonar.

Baxillar o'ziga chang,g'ubor chorlar,

Hayotda hammasi bo'lib turarkan.

Kimlarga shon kerak,kimlarga mansab.

Gohida ko'zidan bilsa bo'larkan.

Shoh Bobur ham o'tdi yurtini qumsab,

Hayotda hammasi bo'lib turarkan.

Nasihat

(Amaliyotdagi rahbarim Kattaqo'rg'on shahar G'arb Machit MFY Xotin-qizlar faoli Farog'at Xudoyberdiyeva bilan suhbatdan so'ng ushbu she'r yozildi.)

Men ham edim dadam erkasi.
Katta Onam bir malikasi.
Keyin bõldim bir uy bekasi.
Aytay sizga jon singlim avval,
Hayot ekan sabr-la gõzal!

Rõzg'or, turmush, ish deya doim
Yuguramiz, yelamiz doim.
Xotirjamlik bersin Xudoyim.
Sõzim tinglab yozgaysiz g'azal.
Hayot biling sabr-la gõzal!

Ming shukrkim tõrt õg'lonim bor.
Ahli ahil bir qõrg'onim bor.
Suygan ishim, tinch zamonim bor.
Mehr bermoq har nedan afzal.
Hayot biling sabr-la gõzal!

Sog'lom bõlsin kelajak avlod.
Bilim olsin chiqarsin savod
Yoshlar bilan kõngillar obod.
Mehnat qilgan noningiz asal.
Hayot biling sabr-la gõzal!

Vaqt õtmoqda juda tez, ildam
Ishlar qiling kerakli siz ham.
Irodangiz bõlsin mustahkam.
Bemor bõlmang, bõlmangiz kasal
Hayot biling sabr-la gõzal!

Sõrab ba'zan kichikdan uzr,
Eshitdik ham kõpdan tashakkur.
Duolari bergaydir huzur.
Gapim kõpda, bõlmang siz, mahtal
Hayot biling sabr-la gõzal!

Men qizlarni õqisin deyman.
Tõlib yoshga tõy bõlsin deyman.
Farzandlari sog' bõlsin deyman.
Hikmatlarga qilgaylik amal.
Hayot biling sabr-la gõzal!

Aytsam sõzim doston bõladi.
Ona mehri osmon bõladi.
Õrgansangiz oson bõladi.
Aytilgandir azaldan-azal.
Hayot biling sabr-la gõzal!

Zulayhoyim, sizga maslahat,
Buyruq emas bu bir nasixat.
Otangizga keltiring rahmat.
Men aytaman har on, har mahal,
Hayot biling sabr-la gõzal!

Boray men ham uyimga singlim.
Boburimni sog'ingan kõnglim.
Uyga kelgan musofir õg'lim.
Nabiralar sog'ingan mahal,
Oila farzand bilan mukammal.

Jonim qizim.

Keng uyimda mehmon bo'lgan jonim qizim,
O'zing bo'lgin sen hamisha yorug' yuzim.
Ham tilagim, ham niyatim o'shbu so'zim.
O'z uyingda baxtli bo'lgin yoring bilan !

Jonim qizim mehribonim, jonajonim
Yuzing xuddi onam yuzi, onajonim.
Sen yig'lama, sen yig'lasang og'rir jonim.
O'z uyingda baxtli bo'lgin yoring bilan!

Yonginamda qolib ketsin sho'xliklaring ,
Sabr qilib sezdirmagin yo'qliklaring.
O'zgartirib yubormasin to'qliklaring.
O'z uyingda baxtli bo'lgin yoring bilan !

Qayda bo'lma jon qizimsan, jondan aziz.

Mehrim aslo kamaymagay hech shubhasiz.

Allohimdan baxt so'rayman senga hargiz .

O'z uyingda baxtli bo'lgin yoring bilan !

Ota uy

Gar hammasi zór bo'lsa ham
Mol-u davlat mól bo'lsa ham
Ósha ózim kichik xonam
Ota uyim soģinaman

Bolaligim ótgan yillar
Boĝ-u dala,dasht-u qirlar
Qadri yomon ótmoqdalar
Ota uyim soģinaman

Oy oynamdan boqar edi
Menga juda yoqar edi
Sózsiz suhbat qurar edi
Ota uyim soģinaman

Salqin edi shamollari

Ajib edi chang yóllari
Zavq beradi xayollari
Ota uyim soǵinaman

Borsam hidga tóyib kelgum
Tuproǵidan ópib kelgum
Óynab katta bólgan dóstim
Seni juda soǵinaman

Koshonalar teng kelmaydi
Ota uydek keng kelmaydi
Soǵinmagan lek bilmaydi
Ota uyim soǵinaman

Taqdir ekan kunib qóydim
Soǵinchlarim tuyib qóydim
Yiǵlab biroz kulib qóydim
Ota uyim soǵinaman

Bugun qizim tug'ilgan kuni

Bugun oldim qo'limga qalam
Niyatim bor juda ham shahdam
Shodligimni ko'rayin baham
Bugun qizim tug'ilgan kuni

Shukur deya quvondim dildan
Duo qildim chindan, ko'ngildan
Quvonchimni yashirmay sizdan
Bugun qizim tug'ilgan kuni

Katta bo'lsin baxtimga qizim
Doim bo'lsin ham yorug' yuzim
Kulishlari oh mening o'zim
Bugun qizim tug'ilgan kuni

Ona qizim,mehribon qizim

Shirin qizim, xush zabon qizim
Ikki qilmas hech mening so'zim
Bugun qizim tug'ilgan kuni

Toj kiydirsin jannatga menga
O'xshashi yo'q dunyoda unga
Jondan aziz azizdir menga
Bugun qizim tug'ilgan kuni

Alloh qilsin umrini uzun
Rizqin etsin hamisha butun
Jajji qalbi bo'lmasin mahzun
Bugun qizim tug'ilgan kuni

Jonim qizim erkatoy qizim
Kulishlari oh mening o'zim
Senga atab she'r bitay o'zim
Bugun qizim tug'ilgan kuni

Akang...

Qalbim alangasin shamol silkitib
Õchirmoqchi bõlib turibdi qarang
Yonimda bõling Siz turmang berkinib
Qara jim turibdi demasin, Akang

Yodlarga kulgiga qoldirmang yolg'iz
Ularga sõzlashga bõlmayin ojiz
Sog'inchim aytaymi egilib yo tiz
Qara jim turibdi demasin, akang

Bir esga oling Siz, maqtanay oylab
Orqamdan sõzlashga qolsinlar õylab
Jigarlik rishtasin mustahkam bog'lab
Yóqlab kelmadimi demasin, akang

Diydorni sog'ingan kõzlarim mushtoq

Har dam yodimdasiz aytayin shu chog'
Ikkimiz birlashgan bir etmiz, tirnoq
Yõqlab kelmadimi demasin, akang

Mehru-oqibatni surmasdan nari
Muhabbat olovi uchmasdan hali
Kelib ,kelib turing, ba'zan kõrgani
Bir bor kelmadimi demasin akang

Robbim

Kattalardan tanbeh eshitsam
Yoki nohaq bir gap eshitsam
Kõpchilikning oldida men ham
Jim turishni õrganay, Robbim

Sõzim haq deb maqtanib yana
Dil og'ritib qõymayin yana
Har bir sõzga qilmasdan ta'na
Jim turishni õrganay, Robbim

Haqiqatni isbot qilay deb
Yo aqlimni bilib qõysin deb
Navbat bermay turmayin ha deb
Jim turishni õrganay, Robbim

Yomonlikni kõrmasman ravo

Dõstimga na, g'animga, Robbim
Mayli bõlmay juda beparvo
Lek tinglashni õrganay, Robbim

Xato qilmay tõg'rini bilmoq
Keyin ekan birdan tushunmoq
Vaqti kelsa õrtagay biroq
Jim turishni õrganay, Robbim

Sabr bilan yashamoq gõzal
Pardoz emas, ahloqi gõzal
Deganda ham jim turib azal
Men tinglashni õrganay,Robbim

Onam uchun

Mendan ranjimagin maylimi yurak
Juda ozor berdim kechirgin yurak
Dardimni tushunmas bir sendan bo'lak
Onam uchun urib tur xo'pmi yuragim

Hoy- u havaslarga qiziqishim yo'q
Onam yig'lamasin yig'lamasin yo'q
Shu bir iltimosim boshqa so'zim yo'q
Onam uchun urib tur xopmi yuragim

Dunyo tashvishiga kuchim qolmasa
Bitta ishonguvchi kishim qolmasa
Sevganim men borman deya olmasa
Onam uchun urib tur xopmi yuragim

Yoniga borganda baxtdan quvonay

Quyoshdek charaqlay, oy kabi porlay

Mehribonim koʻnglini faqat shod aylay

Onam uchun urib tur xopmi yuragim

Koʻzimda yoshimni yashirgin berkit

Tabassum yuzimga oʻzing hadya et

Mayli birozgina haddan oshib ket

Onam uchun urib tur xoʻpmi yuragim

Tuyg'ular suhbati

Ko'nglim deydi bir yo'qlab qo'yib,
Sog'ligidan xabar olsangchi.
Aqlim deydi biroz jim turib,
O'z holiga qo'ya qolsangchi.

Yuragim der sog'intirmagin
Yuragiga ozor yetmasin
G'ururim der ortga qaytmagin
Aytar so'zi botib ketmasin

Sabrim deydi xotirjam bo'lgin
Hali seni unutgani yo'q
Hovuridan tushushin kutgin
Sendan ortiq suyuklisi yo'q

Alamlarim aytar oshkora

Sog'inganda yozardi bir so'z
Haqiqat der quloq sol qara
Sog'inib sen yozdingmi bir so'z?

Rashkim deydi yozmoqda kimga
Kimga dardin oshkor qilmoqda
Vijdonim der yozmas hech kimga
Lek jimgina ko'z yosh to'kmoqda

G'azabim der ketsa ketibdi
Menga kammi undan boshqasi
Iymonim der senda bormanmi
Seni sevar o'sha bittasi

Ishonchim der sodiq bo'l doim
Bahonalar izlama bas qil
Qalbim deydi so'zla muloyim
Behudaga qilmagin jahl

Ishqim aytar shubhalanmagin
Ishonchsizlik juda ham yomon
Muhabbatdan yuzing burmagin
Sen sevgingni asragin omon

Kóngilginamni

Bermanglar qalbimga bunchalar ozor
Óyinchoq qilmanglar kóngil xonamni
Yuragim chekmasin bas endi ozor
Men ham baxtli qilay kóngilginamni

Tinch qóying mayliga ranjimayman yóq
Kutmanglar sizlarga aytar sózim yóq
Zardalar kerakmas tag'in qilmang dóq
Men ham baxtli qilay kóngilginamni

Shu siz ham ovvora bóldi har ne ga
Qalbim koshonasi emas be ega
Yolg'ondan hol sórab kelmanglar menga
Men ham baxtli qilay kóngilginamni

Niqoblar yechilmas hatto bir fursat

Alamlar bunchalar bólib ketgan qat

Muhabbat órniga tóldirmang nafrat

Men ham baxtli qilay kóngilginamni

Men ham baxtli qilay kóngilginamni

Odamlar...

Keraksan, ba'zida keraging bo'lsa.
Mansabing, yoki bir, tirgaging bo'lsa
Keraksan, keraksan omading kulsa.
Odamlar o'zgarib ketdimi shunday?

Ayting kim sog'indi faqir do'stini?
Minnatsiz qildimi kam-u kustini?
Yaxshilik bu axir savob ustuni.
Odamlar o'zgarib ketdimi shunday?

Ko'rging kelib qolar tushganda ishing.
Jigarim deysana g'irt notanishing.
Ko'rib ba'zan qo'yasan tishingga- tishing.
Odamlar o'zgarib ketdimi shunday?

Onang hol so'rasa ishim bor deysan !

Otangga tik qarab aqlim bor deysan !
O'zgarmasang bir kun pushaymon yeysan!
Odamlar o'zgarib ketdimi shunday?

Ikki karra ikki besh bo'ldi-mi yo?
Yolg'on haqiqatmi, haqiqat ro'yo?
Bilib qo'ying, axir o'tkinchi dunyo.
Odamlar o'zgarib ketdimi shunday?

Pulning orqasidan yugurib qancha.
Unutib qo'ydikmi mehrni ancha?!
Gohida bo'lmoqda yuraklar parcha
Odamlar o'zgarib ketdimi shunday?

Bahor sog'inchi

Hali yozda turibman o'zim
Xayollarim bahorga ilhaq
Ranjima kuz sendan o'tinchim
Qish ayblama iltimos nohaq

Bahorimga yetayin tezroq
Hali yozdan orzu qilyapman
Muhabbatsiz issiq yozda ham
Men negadir sovib boryapman

Nega qadring bilmadim bahor
Yoz kelsangchi dedim yoningda
Nahot seni o'ylamadim hech
Sog'inmadim kelgan oningda

Mana seni izlab ham qoldim

Yana seni qumsadi yurak
Chindan biroz ishqingdan tonib
Ketgan edim bermay bir darak

Bugun seni sog'indim bahor
Iforingni his qildim dildan
Ko'p kutdirib bermagin ozor
Aylanayin sening boringdan

Hali yozda turibman o'zim

Shirin so'zlar...

Va'dalar shunchaki bari bo'ldi puch
Biron so'z aytmoqqa yo'qdir hatto kuch
Yo'llarimiz ayro hech bo'lmadik duch
Shirin so'zlar bizga yarashmas ekan

Taqdirga shunchaki aybni taqadik
Yurakka eng og'ir so'zni saqladik
Yolg'on muhabbatni buncha maqtadik
Shirin so'zlar bizga yarashmas ekan

Qadrini bilmadik ishqning ikkimiz
Endi tik qarolmas ishqqa ko'zimiz
Bariga aybdor afsus o'zimiz
Shirin so'zlar bizga yarashmas ekan

O'zga yor vaslini maqtagin endi

O'tmishing menligim aytmagin endi

Chin sevgin yolg'ondan sevmagin endi

Sevishib yurishlar bizgamas ekan

Armon

Nahotki sevgimiz yuqoldi izsiz
Nahot sherlarimda qolmadi mani
Qadriga yetmadik sevgimiz essiz
Endi xotiralar qiynaydi tanni

Nahot o'zgalarga tuyuldik nomard
Nahot armonlarga yo'l berdik to'xtab
Nahotki bir bora ko'nglimiz uchun
Oddiy sevgimizni qo'ymadik maqtab

Nahot yoddan chiqar barcha xotira
So'zlashaolmaysiz nahotki sira
Dardimiz qalbimiz vayron etsa ham
Na tabib bo'lurmiz nada hamshira

Faqat eslaganda ko'zlar namlanar

Bug'zimiz yutolmay qolar so'zlarni

Unutay deydiyu yurak o'rtanar

Sizga tik boqmagan qora ko'zlarni

Yodingizga tushamanmi hech ?

Ruxsat eting beray bir savol

Yana so'zim kelmasin malol

Olib qochdi meni bir xayol

Yodingizga tushamanmi hech ?

Eslaysizmi bir bora hatto

Yolg'iz qolib ketganda tanho

Ismi edi deya Zulayho

Yodingizga tushamanmi hech?

She'rlar o'qib berardi deya

Yo samimiy kulardi deya

Sevgan edi yurakdan deya

Yodingizga tushamanmi hech?

Tez ranjirdi urushmasam ham

Rashki yomon edi juda ham
Eslaysizmi yillar o'tsa ham
Yodingizga tushamanmi hech

Savolim ham xuddi o'zimdek
Yurak ezar achchiq so'zimdek
Yillar o'tdi misoli tushdek
Yodingizga tushamanmi hech?

Sevib qolmadingiz.

So'zingizni poyladim xo'p
Faqat sizni o'yladim ko'p
Bir bor qiyo etmadingiz
Meni sevib qolmadingiz.

Ko'zlar edi giryon juda
Nahot bo'ldi dil behuda
Ko'ngilginam edi sizda
Meni sevib qolmadingiz.

Bo'ldi qarang dil vayrona
Bo'lgan edim ko'p parvona
Ishqingizda yona- yona
Meni sevib qolmadingiz.

Oshig'ingiz ko'p ekanda

Bizga o'rin yo'q ekanda
Taqdirimiz shu ekanda
Meni sevib qolmadingiz.

Muhabbatim bo'ldi armon
So'zsiz sevgi ekan yomon
Qoshlar qaro, ko'zi mujgon
Meni sevib qolmadingiz.

Baxt tilayin sizga qanday
Sevarkanmi ular menday
Chiroyingiz bo'lib oyday
Meni sevib qolmadingiz.

Sevmadingiz, sezmadingiz
Bir bor rahm qilmadingiz
Faqat o'zni o'yladingiz
Meni sevib qolmadingiz.

Bo'ldi yurak pora, pora
Yo'q ekanda bitta chora
Kutib bo'ldim eh bechora
Meni sevib qolmadingiz.

Shoir oshiq chekdi azob
Azob, alam, ham iztirob
Endi ko'ring holi xarob
Meni sevib qolmadingiz.

Afsus sevib qolmadingiz

Yigirma bir o'n sakkiz
(Esdalik uchun)

Yodimda hammasi esimda bari
Opa uka singil edik oila singari
Bir yodga olayin she'rimda sizni
Yigirma bir o'n sakkiz der edi bizni

O'sha tanish ko'zlar samimiy yuzlar
Hamisha yodimda qoladi so'zlar
Demangiz shoira nimani ko'zlar
Yigirma bir o'n sakkiz der edi bizni

Qalbimiz doimo birgadir do'stlar
Birgalikda bilinmas edi kam kustlar
Katta maqsadlarni ko'zlardik bizlar
Yigirma bir o'n sakkiz der edi bizni

Uchrashib qolishsak yillar o'tganda
Munosib bir joyga ishga kirganda
Deymiz- a jilmayib suhbat qo'rganda
Yigirma bir o'n sakkiz der edi bizni

Mana bu she'rimda muhrlandi ham
Xotirjam bo'linglar endi sizlar ham
Nasib o'qib beramiz farzandlarga ham
Yigirma bir o'n sakkiz der edi bizni

Aylanay

Sen so'zlagin eshitayin jim
Ovozinga mayliyo o'zim
Chin dilimdan aytajak so'zim
Ovozingdan aylanay sening

Yulduzimsan samodan tushgan
Farishtamsan ko'zga ko'ringan
Allohim shundayin istedod bergan
Ovozingdan aylanay sening

Sen malaksan sen mohichiroy
Havasdadur osmondagi oy
Yuragimdan olgansan-a joy
Ovozingdan aylanay sening

Qizg'onaman begonalardan

Oshiq g'arib devonalardan

Ovozinga parvonalardan

Ovozingdan aylanay sening

Seni deya yashayman ishon

Nomardlarga bo'lmagin nishon

Meni tanlab bo'lma pushaymon

Ovozingdan aylanay sening

CHORLOV

Xiyonat yo'liga o'rganmang buncha
Farzandli erkaklar, erlik ayollar
Shirin yolg'on so'zlar kerakmi shuncha
Gohida hech tinim bermas xayollar

Sizning baxtingiz bu sizning oilangiz
Bebaho boylikdir shrin oilangiz
Ishdaman deb bahona qilmang yolg'ondan
Shaytonga do'st bo'lmang yig'ing aqlingiz

Hech kim bilmadi deb quvonmang sira
Axir Alloh borligin unutib qo'ymang
Ko'zingizni oching tortmasdan xira
Yolg'onchi bo'lmang siz firibgar bo'lmang

O'zgani aldamang buzmang baxtini

Keyin kech bo'ladi af sus qilishga
Siz ham o'ylang axir farzand taxtini
O'zingiz sababchi bo'lmang har ishga

Bir qarang qizingiz qora ko'ziga
Iboli hayoli qora ko'ziga
Sizdan o'rnak olar gudaklaringiz
Biling siz ularga kerakligingiz

Rostdan go'zaldirsiz hurliqo, dilbar
Balki yigitdirsiz kelishgan, ko'rkam
Lekin xiyonatkor bo'lsangiz agar
Hunuklar bor ekan deyman yaxshiyam

Majlisdaman deysiz yolg'ondan sekin
Keyin gaplashamiz deysiz muloyim
O'ylayman ba'zida ularni ko'rsam
Qanday kechirarkin Tangrim,xudoyim

Men Zulayho hali dunyo ko'rmagan

So'zlarimda balki xatolik bordir

Ammo shuni bilaman mening yonimda

Vafoli yigitlar, qizlar ham border

www.ingramcontent.com/pod-product-compliance
Lightning Source LLC
LaVergne TN
LVHW010435070526
838199LV00066B/6034